クイズで覚える
難読漢字&漢字を
楽しむ一筆メール

脳トレーニング研究会 編

シルクロードの旅 7日間

涼州詞　王翰

葡萄の美酒　夜光の杯
飲まんと欲すれば　琵琶馬上に催す
酔うて沙場に臥す　君笑うこと莫かれ
古来征戦　幾人か回る

JN174868

黎明書房

はじめに

　巷には，漢字や熟語を新たに覚えたり，覚えている漢字や熟語を忘れないようにするクイズの本が無数と言ってよいほど出ています。

　しかし，漢字は知っているだけでは面白くありません。使わなければ，本当に漢字を楽しむことができません。

　そこで，

① 漢字クイズで難しい漢字，珍しい漢字，面白い漢字，故事成語などに親しみ，それらを覚える。

② 漢字が格調高く使われている漢詩や干支_{かんし}，二十四節気_{にじゅうしせっき}などを，クイズで楽しむ。

③ 覚えた漢字や熟語を使って簡単な手紙（一筆メール）を書いて楽しむ。（もちろん，葉書に書いて送っても可。）

ための本を，作りました。

　一筆メールとは，クイズに出た漢字や熟語を使った簡潔な近況報告のメールのことです。

　例文をたくさん載せましたので，それらを参考にして，簡単で楽しい，愉快な手紙を書いて友人に送りましょう。

　なお，この本に使用している漢字は，漢詩にあるいくつかのいわゆる旧漢字（草冠の二つに分かれたものや雪の横棒が出ているものなど）を除き，全て普通のパソコンに入っています。

　では，お楽しみください。

　2017 年 9 月 1 日

　　　　　　　　　　　　　　　　　　　脳トレーニング研究会

もくじ

イラスト・山口まく

 # 漢字いっぱいの一筆メールの巻

　太郎さんと二郎さんが，一筆メールの応酬をしています。では，ちょっと覗(のぞ)いてみましょう。

＜その1＞

　太郎さんから二郎さんに一筆メールが来ました。楽しそうな写真も添付されていました。どうやら，海外旅行から帰ってきたようです。

　ところが，メールを読んでも，どこへどう行って来たのかさっぱりわかりません。

　二郎さんの代わりに読んであげてください。

> 　二郎君，ご無沙汰！　昨日，葡萄牙の里斯本から，芬蘭の赫爾辛基経由で無事帰国しました。葡萄酒も鰯の塩焼きも干鱈もうまかったなあ！　里斯本では鋼索鉄道にも乗ったし，とても楽しい旅でした。では，また。さようなら。　　　　　　　　　　太郎

　外国の地名を漢字で書くのも乙なものですね。何か遠い遠い見知らぬ土地へ行って来たみたいです。

＜その2＞

　二郎さんも負けじと，一月ほどして，太郎さんに一筆メールを送りました。

　さて，二郎さんはどこへ行って何を見て来たのでしょうか。

> 　太郎さん，メールをありがとう。葡萄牙は楽しかったようで，何よりです。実は，僕も，海外旅行に行って来ました。昨日，埃及の喀愛羅から無事帰って来ました。憧れの金字塔も外見だけでなく中にも入ったし，人頭獅子像も見たし，感激の連続でした。いつか巴必鸞の都の跡にでも，一緒に行きませんか。では，お元気で。また，会う日まで。　　　二郎

答え

＜その１＞

　　二郎君，ご無沙汰！　昨日，**ポルトガル**の**リスボン**から，**フィンランド**の**ヘルシンキ**経由で無事帰国しました。**ワイン**も鰯の塩焼きも干鱈もうまかったなあ！　**リスボン**では**ケーブルカー**にも乗ったし，とても楽しい旅でした。では，また。さようなら。　　　　　太郎

＜その２＞

　二郎さんは，エジプトへ行って，ピラミッドとスフィンクスを見て来たようですよ。

　一筆メールは，こうなります。

　　太郎さん，メールをありがとう。**ポルトガル**は楽しかったようで，何よりです。実は，僕も，海外旅行に行って来ました。昨日，**エジプト**の**カイロ**から無事帰って来ました。憧れの**ピラミッド**も外見だけでなく中にも入ったし，**スフィンクス**も見たし，感激の連続でした。いつか**バビロン**の都の跡にでも，一緒に行きませんか。では，お元気で。また，会う日まで。　　　　　二郎

2 これ，どう読みますか？

1　漢字に見立てたざるかぶり犬

> ＊ヒント＊　笊は竹，犬は夬。江戸っ子の機知。

答え（　　　　　）

2　馬を左右逆に書いた 左馬

> ＊ヒント＊　縁起のよい印。下の「灬」は巾着
> の口がよく締まっていることを示しているとい
> う人もある。（金がよく溜まる）

答え（　　　　　）

3　戒めとしてよく書かれます

　下の三つから，正しい読み方を選んでください。達磨大師の言葉とか。
なるほどです。

① 気はのびやか，心ははずみ，腹はよこむき，人はおおらか，己はひか
　えめ
② 気はながく，心はまるく，腹をたてず，人はおおきく，己はちいさく
③ 元気，安心，満腹，人徳，克己

答え（　　　　　）

3 漢字は間違えないようにしましょう
―読み方編―

■■■■■■■■■■■■■■■■■■■■■■■■

　よく似た漢字，正しいのはどちらでしょう。

　漢字は似た字が多くて困ります。

① 瓜と爪，とちらが「そう」？　　　　　　答え（　　　　　　）

② 巳と已，どちらが「い」？　　　　　　　答え（　　　　　　）

③ 冶と治，どちらが「や」？　　　　　　　答え（　　　　　　）

④ 病と症，どちらが「やまい」？　　　　　答え（　　　　　　）

⑤ 晴と睛，どちらが「はれ」？　　　　　　答え（　　　　　　）

⑥ 暫くと漸く，どちらが「ようやく」？　　答え（　　　　　　）

⑦ 偶と遇，どちらが「たまたま」？　　　　答え（　　　　　　）

⑧ 鯖と鮪，どちらが「まぐろ」？　　　　　答え（　　　　　　）

⑨ 丁丁と孑孑，どちらが「ぼうふら」？　　答え（　　　　　　）

⑩ 嗚呼と鳴呼，どちらが「ああ」？　　　　答え（　　　　　　）

⑪ 洒落と酒落，どちらが「しゃれ」？　　　答え（　　　　　　）

⑫ 墜落と堕落，どちらが「だらく」？　　　答え（　　　　　　）

⑬ 祇園と祇園，どちらが「ぎおん」？　　　答え（　　　　　　）

⑭ 陳立と陣立，どちらが「じんだて」？　　答え（　　　　　　）

⑮ 曇天と雲天，どちらが「どんてん」？　　答え（　　　　　　）

⑯ 縁側と緑側，どちらが「えんがわ」？　　答え（　　　　　　）

⑰ 互斯と瓦斯，どちらが「ガス」？　　　　答え（　　　　　　）

⑱ 末定と未定，どちらが「みてい」？　　　答え（　　　　　　）

⑲ 安泰と安秦，どちらが「あんたい」？　　答え（　　　　　　）

⑳ 牛と午，どちらが「うま」？　　　　　　答え（　　　　　　）

4 漢字パズルで故事成語を探せ①

　□の中に，全ての二字熟語に当てはまる漢字を，例にならって入れてください。二字熟語は矢印の方向に読みます。①〜④の答えの漢字を組み合わせると故事成語になります。ただし，①〜④の漢字の順序はバラバラです。

例：

①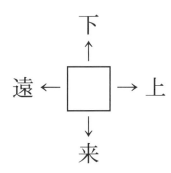

②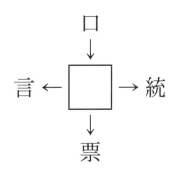

③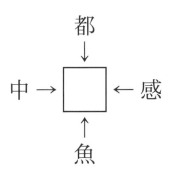

④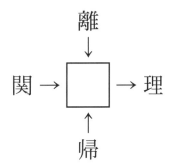

故事成語「　　　　　　　　　　」

ヒント 　言葉を使わないで通じ合います。

答え　以心伝心（いしんでんしん）：考えていることを心で心に伝えること。

＜一筆メールの文例＞

　花子さん，ちょうどわたしもゴッホの展覧会に行きたいと思っていたの。本当に**以心伝心**ね。あなたから昨日メールでゴッホ展のお誘いを受けたとき，そう思ったの。じゃ，今度の日曜日，美術館の入り口で。楽しみにしてるわ。バイバイ。　　　　　　　　　　　咲子

では，軽くもう一問。

①
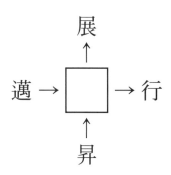

②
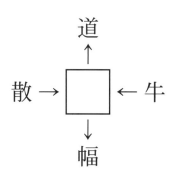

③
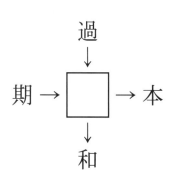

④
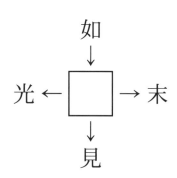

故事成語「　　　　　　　　　　」

ヒント　時を経るごとによくなり続けること。

5 雅号を持とう

■■■■■■■■■■■■■■■■■■■■■■■■■■

　江戸時代や明治時代の文人たちは詩文，書画をものする時，すなわち芸術活動をする時は，本名とは別に，それ用の風雅な名前（雅号）を持ちました。言ってみればペンネームです。それを自らの作品に署名するのです。

　これは，中国の文人にならった二文字，音読みのものです。雅号はプロ・アマ問わず付け，明治の新聞記者も付けました。

　あなたも，文章や手紙を書く時，雅号を名乗ってみませんか。例えば，メールや一筆箋の後に伊藤暁雲とか，加藤雪外とか署名するのです。どう名乗るかは自由です。

　では，問題です。次の十人の雅号（左）と本名（中央）と職業（右）を線でつないでください。（　）は名字です。

（樋口）一葉 ・	・ 実 ・	・ 小説家・軍医
（木戸）松菊 ・	・ 隆盛 ・	・ 小説家・俳人
（上村）松園 ・	・ 奈津 ・	・ 学者・政治家
（夏目）漱石 ・	・ 君美 ・	・ 長州の政治家
（新井）白石 ・	・ 津禰 ・	・ 小説家・歌人
（陸）羯南 ・	・ 徳太郎 ・	・ 新聞記者
（佐久間）象山 ・	・ 林太郎 ・	・ 小説家・英文学者
（森）鷗外 ・	・ 金之助 ・	・ 兵学者・思想家
（西郷）南洲 ・	・ 啓 ・	・ 画家
（尾崎）紅葉 ・	・ 孝允 ・	・ 薩摩の政治家

木戸孝允（桂小五郎）は愛妻の名から一字取ったのかもしれません。孝允の愛妻とは言わずと知れた幾松，後の松子夫人です。漢詩を書く時には松菊と名乗りました。右は，孝允の得意満面の詩です。

夏目漱石の漱石は，「漱石枕流」という四字熟語から取りました。これは，「石に漱ぎ，流れに枕す」と訓読みします。負け惜しみが強く偏屈なことです。中国の晋の時代の孫楚が本来なら「沈石漱流」（石に枕し，流れに漱ぐ）と言うところを間違えて「漱石枕流」と言って，間違いを指摘されたが，石で歯を磨き，流れで汚れた耳を洗うのだと居直ったことから起こった故事成語です。

> 偶成
>
> 木戸松菊
>
> 才子才を恃み愚は愚を守る
> 少年才子愚なるに如かず
> 請う看よ他日業成るの日
> 才子才ならず愚は愚ならず

＜一筆メールの文例＞

太郎さんから花子さんにメールが来ました。

> 花子さん，今日は夏目漱石のことを書いた本を読んでいて，漱石の本名が金之助だということを初めて知りました。漱石は「へそまがり」のことだとは知っていましたが。夏目金之助作『こゝろ』では，ちょっと迫力に欠けますね。ところで，この度，僕も号を名乗ることにしました。太州です。大きな国という意味です。どうぞよろしく。 太州

花子さんから太郎さんに返事が来ました。

> 太州様，昨日は良いことを教えてくださってありがとうございました。わたしも早速，号を考えてみました。わたしの好きな日本画家の上村松園にあやかって，花園と付けました。「かえん」と読みます。いかがでしょう。
>
> 今度から，趣味の水墨画には，花園と書名します。11月3日から，展覧会に出品します。見に来てください。かしこ。 花園

漢字パズル＜入門編＞

例にならって，真ん中の□に漢字を1字入れて，二字熟語を作ってください。二字熟語は，上から下，左から右に向かって読みます。

例：

①

```
      尊
  巨      仏
      人
```

②

```
      利
  氏      音
      供
```

③

```
      動
  待      知
      嫌
```

④

```
      本
  国      質
      育
```

⑤

```
      専
  真      車
      断
```

⑥

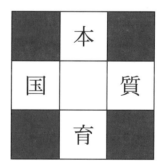

```
      気
  細      服
      臓
```

6 日本の相手国はどこの国？

新聞などでは，日米とか日中のように，互いの国の漢字表記を略して表記することがよくあります。では，次の①〜⑫の日本の相手国はどこでしょう。右の二つから選んでください。

① 日伯友好 （ ブルネイ　　　ブラジル ）

② 日墨友好 （ メキシコ　　　ボリビア ）

③ 日比友好 （ フィンランド　　フィリピン ）

④ 日泰友好 （ タイ　　タンザニア ）

⑤ 日土友好 （ ドイツ　　トルコ ）

⑥ 日仏友好 （ フランス　　　ブルガリア ）

⑦ 日白友好 （ 白ロシア　　　ベルギー ）

⑧ 日越友好 （ ベトナム　　　エジプト ）

⑨ 日伊友好 （ イラン　　イタリア ）

⑩ 日葡友好 （ ポルトガル　　　ポーランド ）

⑪ 日柬友好 （ カンボジア　　　タジキスタン ）

⑫ 日濠友好 （ コンゴ　　オーストラリア ）

これからは，片仮名でなく，二国のペアの時は，ぜひ漢字で。

＜一筆メールの例＞

二郎君，元気ですか。

実は，この前仕事で，印度の人と食事をしたけど，泰姫陵の話などしてとても楽しかったよ。何しろ，彼は日本語がペラペラだから。**日印友好**に貢献できてとても嬉しく思っている。君ともたまには友好を深めたいものだね。では，また。　　　　　太郎

（印度：インド，泰姫陵：タージ・マハル）

7 漢字パズルで故事成語を探せ②

□の中に，全ての二字熟語に当てはまる漢字を，例にならって入れてください。二字熟語は矢印の方向に読みます。①～④の答えの漢字を組み合わせると故事成語になります。ただし，①～④の漢字の順序はバラバラです。

例：

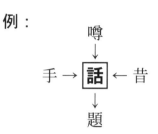

①

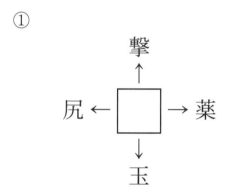

②

白
↓
間 ← □ → 唾
↓
墨

③

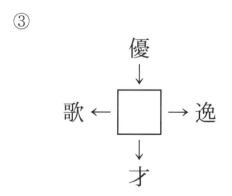

④

綺
↓
端 → □ → 人
↑
秋

故事成語「　　　　　　　　　　」

ヒント イケメン。

眉目秀麗：目鼻立ちが整い美しい顔のこと。男性のことを言います。

＜一筆メールの文例＞

　咲子さん，この前，嬉しいことがありました。句会でとっても素敵な方にお会いしたの。俳句も素晴らしかったし，**眉目秀麗**で，まるで貴公子のような方でした。句会が終わった後，みんなでお茶を飲みに行きました。楽しかった！　では，ごきげんよう。　　　　　花子

では，軽くもう一問。

①
円
↑
閃 ← □ → 緒
↓
握

②
既
↓
獲 → □ ← 感
↑
取

③
選
↓
科 → □ → 手
↑
快

④
方
↑
万 → □ → 岸
↓
翼

故事成語「　　　　　　　　　」

　＊ヒント＊　ひとつのことを実行して，同時に二つのことを成し遂げること。

8 漢字は間違えないようにしましょう
―正しい字編―

よく似た漢字，正しいのはどちらでしょう。

ほんとに！　漢字は似た字が多くて困ります。

① 漁船と魚船，どちらが，正しい？　　　　　答え（　　　　　）

② 紀録と記録，どちらが，正しい？　　　　　答え（　　　　　）

③ 栽培と栽倍，どちらが，正しい？　　　　　答え（　　　　　）

④ 密柑と蜜柑，どちらが，正しい？　　　　　答え（　　　　　）

⑤ 陪審員と陪申員，どちらが，正しい？　　　答え（　　　　　）

⑥ 指示と示指，どちらが，正しい？　　　　　答え（　　　　　）

⑦ 突前と突然，どちらが，正しい？　　　　　答え（　　　　　）

⑧ 示唆と指唆，どちらが，正しい？　　　　　答え（　　　　　）

⑨ 紫雲英と柴雲英，どちらが，正しい？　　　答え（　　　　　）

⑩ 浦公英と蒲公英，どちらが，正しい？　　　答え（　　　　　）

⑪ 欠除と欠如どちらが，正しい？　　　　　　答え（　　　　　）

⑫ 除虫菊と徐虫菊，どちらが，正しい？　　　答え（　　　　　）

⑬ 拳闘と挙闘，どちらが，正しい？　　　　　答え（　　　　　）

⑭ 後午と午後，どちらが，正しい？　　　　　答え（　　　　　）

⑮ 危機と危気，どちらが，正しい？　　　　　答え（　　　　　）

⑯ 機嫌と気嫌，どちらが，正しい？　　　　　答え（　　　　　）

⑰ 切付と切符，どちらが，正しい？　　　　　答え（　　　　　）

⑱ 事前と時前，どちらが，正しい？　　　　　答え（　　　　　）

⑲ 木偏と木遍，どちらが，正しい？　　　　　答え（　　　　　）

⑳ 週間誌と週刊誌，どちらが，正しい？　　　答え（　　　　　）

9 中国で出会った不思議な漢字

　中国は文字の国です。旅行をすると，時々，こんな字あるの？　といった漢字に出会います。

　では，問題です。

問題1

　山西省の平遥（へいよう）のレストランで見かけた漢字？　です。どういう漢字か，三つから選んでください。

①　財宝が集まってきますようにという漢字のお守り。宝船をイメージしている。

②　誰もが満腹になれますというレストランのシンボルマーク。

③　人目をひこうというだけで意味はない。

答え（　　　　）

　陝西 省 の秦の始皇帝の兵馬俑坑の近くの麺料理の店で見かけた漢字？
です。ヒントは写真に隠されています。どんなことを意味している文字か，
三つから選んでください。

①　辶に月・長・馬・長・刂・糸・言・糸を穴と心で挟んだ字で，細長い
　　馬肉の煮込みの料理。チョンチョン鍋。
②　幅の広い麺に油をかけ唐辛子などを入れて食べる麺。陝西省の名物料
　　理。ビャンビャン麺。
③　単なる客寄せのシンボルとして作り出された漢字。ジャージャー好。

　　　　　　　　　　　　　　　　　　　　　答え（　　　　　）

10 ときどき耳にする言葉ですが？

A，Bから正しい方を選んでください。

① 天網（てんもう）　　　　　　　　　　　　答え（　　　　　）

　A　天が悪人を捕まえるための網。「天網恢恢疎にして漏らさず（天が
　　悪人を捕える網は大きくて粗いが，逃すということはない）」という
　　言葉がある。

　B　昆虫学者が極めて小さな昆虫を捕えるための目の細かい網。天の網
　　とは関係がない。

② 逆鱗（げきりん）　　　　　　　　　　　　答え（　　　　　）

　A　蛇の腹の所にある鱗で，これを使って蛇は這う。「逆鱗で走る（自
　　在に走る）」という言葉がある。

　B　竜のあごの下の鱗で，逆の方向に生えている1枚の鱗。ここに触れ
　　ると竜はとても怒る。「逆鱗に触れる（目上の人を怒らせる）」という
　　言葉がある。

③ 白眼（はくがん）　　　　　　　　　　　　答え（　　　　　）

　A　冷ややかな目つき。昔，竹林の七賢の一人阮籍が，気に入らない客
　　には白眼をもって迎えたという故事から。

　B　なにも見ないふりをしている目。昔，竹林の七賢の一人嵇康が，見
　　たくない物を白眼でにらんだという故事から。

④ 方眼（ほうがん）　　　　　　　　　　　　答え（　　　　　）

　A　四角い眼。貴相と言われる。

　B　方眼紙の方眼で，真四角のマス目。

⑤ 瀑布（ばくふ）　　　　　　　　　　　　　答え（　　　　　）

　A　流れに布を晒すこと。

　B　滝。

⑥　他山の石（たざんのいし）　　　　　答え（　　　　　）

　　A　他の山の質の悪い石。ここから，ダメな他人の言動も自分を磨くの
　　には役に立つということ。

　　B　中国の他山という山の美しい玉。人々は争って玉を掘ったため，今
　　は希少である。

⑦　解語の花（かいごのはな）　　　　　答え（　　　　　）

　　A　バイオテクノロジーで作り出した，はい，いいえに反応する花。

　　B　人の言葉が分かる花。美人をたとえる言葉。玄宗皇帝が楊貴妃をさ
　　して言った。

⑧　蝸牛（かぎゅう）　　　　　　　　　答え（　　　　　）

　　A　かたつむりのこと。巻貝で，牛のように角があるので。

　　B　水牛の一種で，小柄である。

⑨　天牛（てんぎゅう）　　　　　　　　答え（　　　　　）

　　A　天の川に住む，牽牛が飼っている水牛。

　　B　かみきりむし。角の様な長い触角を持つので。

⑩　聖牛（せいぎゅう）　　　　　　　　答え（　　　　　）

　　A　川の流れの勢いをそぐための治水のための装置。形は牛の角に似て
　　いる。

　　B　川の神の使いで，流れる水の中を歩いて，やって来るとされる。

⑪　迦陵頻伽（かりょうびんが）　　　　答え（　　　　　）

　　A　御陵にいるしきりに悲しい声で鳴く美しい鳥。

　　B　極楽にいる美しい声で鳴く鳥。上半身は美女，下半身は鳥。

⑫　飛天（ひてん）　　　　　　　　　　答え（　　　　　）

　　A　空を飛ぶ日本神話に出てくる乗り物。別名，天の磐船。

　　B　空中を舞い飛び，諸仏を讃える天人・天女。

⑬　天漢（てんかん）　　　　　　　　　答え（　　　　　）

　　A　天のようにすばらしい男。

　　B　天の川。

⑭　前門の虎（ぜんもんのとら）　　　　　　　　答え（　　　　　）

A　前門にいる恐ろしい虎。「前門の虎，後門の狼（一難去って，また一難）」と使う。

B　前門を守るたくましい虎。「前門の虎，後門の獅子（しし）（前後をがっちりかためる）」と使う。

・・

では，上の言葉を使って一筆メールを送ってみましょう。

＜一筆メールの例１＞

　太郎さん，元気ですか。この前は，苦手な人二人に同時に会っちゃったの。一人は，２時間は一方的に話し続ける花子さん。喫茶店に入ろうとして中を見たら一人でいるじゃないの。こりゃだめだ，他の喫茶店に行こうと振り返ったら，なんと買い物マニアの良子さん。まったく，**前門の虎，後門の狼**とはこのことだったわ。どうなったかって。聞かないで。かしこ　　　　　　　　　　　　　　　　　　　　　　咲子

＜一筆メールの例２＞

　咲子さん，この前は大変だったね。僕は反対に素晴らしい日を経験したよ。20年ぶりに高校のクラス会に行ったら，気の合う友だちばかり来ていて，それは楽しかった。

　君も知ってるミスＡ組もいたよ。相変わらずお美しい。まさしく**解語の花**だね。**迦陵頻伽**のごとき声に酔いしれた。君にもいいことがあるといいね。さようなら。

　　　　　　　　　　　　太郎

ミスＡ組→

解語の花

迦陵頻伽のごとき声

11 摩訶不思議な漢字たち

　漢字には，私たちが普通に使わない不思議な字があります。今からそれらを読んでみましょう。四つ以上見たことのある方は，漢字にかなり詳しい方です。

1	丄る	①のぼ(る)	②みあげ(る)	答え（　　　）
2	舂く	①(穀物を)つ(く)	②はるめ(く)	答え（　　　）
3	覘く	①みぬ(く)	②のぞ(く)	答え（　　　）
4	閂か	①はる(か)	②まさ(か)	答え（　　　）
5	囶らか	①なめ(らか)	②あき(らか)	答え（　　　）
6	込い	①かこ(い)	②な(い)	答え（　　　）
7	仆れる	①たお(れる)	②あき(れる)	答え（　　　）
8	溷る	①あふれ(る)	②にご(る)	答え（　　　）
9	扣く	①か(く)［書く］	②たた(く)	答え（　　　）
10	杙	①くい	②とい	答え（　　　）
11	屮	①みぎ	②ひだり	答え（　　　）
12	艸	①くさ	②て(手)	答え（　　　）
13	帀る	①めぐ(る)	②つ(る)	答え（　　　）
14	亅	①くぎぬき(棒)	②かぎ	答え（　　　）
15	乁る	①のび(る)	②うつ(る)	答え（　　　）
16	娚	①めおと	②よろこび	答え（　　　）

《おまけ》　どんな意味でしょう。　　　　　　答え（　　　）

彳亍　　①少し歩いては止まること　　②ふらふら歩くこと

＊「行」ではありません。彳と亍はそれぞれ一字です。

23

12 かんたん漢文を故事成語・名文句であじわう

　故事成語は，歴史上有名な出来事がもとになって，後世の人の生きる上の戒めとしてできた言葉です。多くは中国由来のものです。知っていると，ふとした時に役立つものです。

　では，問題です。次の故事成語の説明として正しい方を下の二つから選んでください。

1　覆水盆に返らず

①　中国の周の時代の軍師太公望の話です。太公望が，命令に反した部下の将軍に向かって，ちょうど飲もうとしていたお碗の水を地面に捨てて言いました。来年の先祖の祭りをするお盆に，今捨てただけの同じ量の水を持って，お前がここに戻ってきたら，その時本当に許してやろうと。しかし，その将軍は他国へ逃げて，戻ってきませんでした。そこから，卑怯者は二度と故郷に戻ってこないことを言います。

②　中国の周の時代の軍師太公望の話です。太公望があまりにていたらくだったので愛想づかしして家を出て行った妻が，太公望が出世したと聞いて復縁を迫りに来ました。そこで，太公望は盆（平たい水鉢）をひっくり返して水を地面に捨て，妻に水を元の盆に戻すように言ったのです。それは無理な相談です。そこから，一度切れた夫婦の仲は決して元に戻らないことを言います。

＊周：紀元前 1050 年？〜紀元前 256 年。

答え（　　　　）

2 年年歳歳花相似たり，歳歳年年人同じからず

　古今に名高い名文句です。初唐の詩人，劉希夷（庭芝）の「白頭を悲しむ翁に代る」の一節です。『唐詩選』にあります。あまりに美しい言葉だったので，舅がこの言葉を譲ってくれと言いました。断った劉は，殺されてしまったという伝説があります。

　では，問題です。この名文句の説明として正しい方を，下の二つから選んでください。

① 　毎年毎年，花は同じように美しく咲く。しかし，
　毎年毎年年を取り，人の美しさは衰えていく。

② 　毎年毎年，花は同じように美しく咲く。しかし，
　毎年毎年，巷に生きる人の性格は悪くなっていく。

答え（　　　　）

ちょっと漢文

1 覆水盆に返らず

覆水不レ返ラレ盆ニ

本当は次のように書きます。

　覆水不返盆

日本語で読む場合は，これにレ点というひっくり返って読む記号を付けます。

　覆水不レ返ラレ盆ニ

　これで「覆水盆に返らず」と読みます。「覆水」は，容器をひっくり返してこぼれた水のことです。（覆水のあとの「は」は省略されています。）

　漢文の語順は，日本語より英語に近いようです。

「覆水不L返ラL盆ニ」のレベルで読むと，ちょっと格好が良いです。

「覆水盆に返らず」は，決して元に戻らない夫婦の縁を言うことから，済んでしまった後では決して元には戻らないことを一般に言うようになりました。例えば，次のように使います。太郎さんから二郎さんにメールが来ました。

> この前美術館で待ち合わせたのに，二郎君，すっぽかしたね。そのあと，詫びの一言もなかったじゃないか。君との仲はこれでお終いだ。今さら仲直りしようと思っても駄目だ。これが本当の**覆水盆に返らず**だ。　　太郎

二郎さんから返事が来ました。

> 太郎さん，許してください。あの日はインフルエンザだったんです。あれから１週間寝込んで，今日がやっと床上げです。覆水をなんとか盆に返すというわけには行かないだろうか。　　　　　二郎

２　年年歳歳花相似たり，歳歳年年人同じからず
（ねんねんさいさいはなあいに／さいさいねんねんひとおな）

原文は，

年年歳歳花相似

歳歳年年人不同

訓点（くんてん）を付けて読むなら，

年年歳歳花相似**タリ**

歳歳年年人不L同**ジカラ**

となります。シニアからすると何とも悲しい内容ですが，美しい言葉がちりばめられた詩です。「白頭を悲しむ翁に代る」の全文は『唐詩選』（岩波文庫），石川忠久編『漢詩鑑賞事典』（講談社学術文庫）などで読むことができます。

年年歳歳花相似**タリ**

歳歳年年人不L同**ジカラ**

漢字パズルで故事成語を探せ③

□の中に，全ての二字熟語に当てはまる漢字を，例にならって入れてください。二字熟語は矢印の方向に読みます。①～④の答えの漢字を組み合わせると故事成語になります。ただし，①～④の漢字の順序はバラバラです。

例：

```
灯  発  市
 ↖ ↑ ↗
子 ← 電 → 池
 ↙ ↓ ↘
車  信  報
```

①
```
身   数   他
 ↖  ↑  ↙
役 →     ← 達
 ↗  ↑  ↖
美   名   知
```

②
```
代   海   末
 ↖  ↓  ↗
満 →     → 謝
 ↗  ↑  ↖
半   寒   見
```

③
```
結   薄   砕
 ↖  ↓  ↙
原 ←     ← 樹
 ↙  ↓  ↖
柱   枕   霧
```

④
```
風   眼   戸
 ↘  ↓  ↗
直 →     → 駄
 ↙  ↓  ↘
方   水   手
```

故事成語「　　　　　　　　　　　」

```
＊ヒント＊　結婚の仲立ちをする人。
```

答え 月下氷人（げっかひょうじん）：二人の縁を予言した月下の老人（月下老）と，氷の上にいて氷の下の人と話をした夢を占い師に占ってもらったところ，縁談をまとめることになると言われ，その通りになった氷上人とを合わせてできた言葉。仲人（なこうど）。

＜一筆メールの文例＞

咲子さん，あなたもご存じの二郎さんのご長男に，ちょうど良い娘さんがおられたのでご紹介させていただいたの。そうしたら，話がとんとん拍子に進んで，昨日が結婚式。わたしは，**月下氷人**を見事演じたわけ。とても嬉しかったので，あなたにメールをしたしだい。では，ごきげんよう。　　　　　　　　　　　　　　　　　　　　　　花子

では，軽くもう一問。

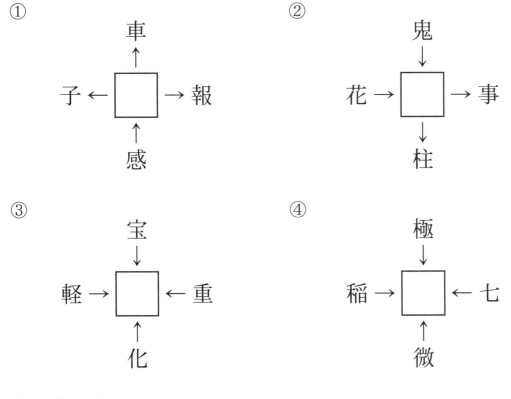

① 車↑　子←□→報　↑感

② 鬼↓　花→□→事　↓柱

③ 宝↓　軽→□←重　↑化

④ 極↓　稲→□←七　↑微

故事成語「　　　　　　　　　　　」

＊ヒント＊　極めてすばやいこと。

28

漢字パズル＜修行編＞

例にならって，□に漢字を1字入れて，二字熟語を作ってください。二字熟語は矢印の方向に読みます。□の中の漢字を縦に読むと，四字熟語が現れます。

例：

自 → 我 → 慢
水 → 田 → 畑
値 → 引 → 用
飲 → 水 → 質

＊ヒント＊
自分の都合の良いように話を進めること。

①

竹 ← □ → 服
後 ← □ → 境
道 ← □ → 意
人 ← □ → 旅

＊ヒント＊ 敵対するする者同士が，同じ目的のために力を合わせること。

②

字 ← □ → 戒
景 ← □ → 水
穀 ← □ → 感
天 ← □ → 期

＊ヒント＊ 気候も穏やかで，世の中が平穏であること。

③

店 ← □ ← 干
反 ← □ ← 流
私 ← □ ← 幻
帛 ← □ ← 分

＊ヒント＊ でたらめで，何を言っているのかさっぱりわからないこと。

④

立 ← □ ← 各
界 ← □ ← 生
信 ← □ → 覚
策 ← □ ← 役

＊ヒント＊ 自らのまいた種でだめになること。

⑤

安 → □ → 急
待 → □ → 体
帰 → □ → 路
散 → □ → 結

＊ヒント＊ きわどいところで逃れること。

⑥

進 → □ ← 虚
露 → □ ← 物
山 → □ ← 間
果 → □ ← 判

＊ヒント＊ 話にもならないほど，ひどいこと。

29

14 日本人が付けた中国風の地名で遊ぶ

　江戸時代は空前の中国ブームでした。たくさんの人が漢詩を作って楽しみました。漢詩に出てくる日本の地名も中国風にして作りました。

　右の頼山陽（らいさんよう）の，苫舟（とまぶね）（篷（とま））に乗って大垣から桑名まで下る漢詩（七言絶句（しちごんぜっく））にも，中国風の地名が出てきます。文化十（1813）年の年の暮れ，山陽が三十四歳の時の詩です。

　蘇水（そすい）は，はるか彼方の海にまで滔々（とうとう）と流れています。山陽は，櫓（ろ）をこぐ音，雁（かり）の鳴き声を聞き，故郷の広島を思い郷愁にかられます。故郷から遠く離れて，一人年の瀬を迎えるのです。しかも，そまつな苫舟に乗って，今，吹雪の中，濃州（のうしゅう）を下って行くのです。

　では，問題です。

問題①　この詩を読んで，答えてください。

1　蘇水（そすい）とは，本当はどういう名の川ですか？

答え（　　　　　　　　　）

2　濃州（のうしゅう）とはどこの国のことで，今の何県ですか？

答え（　　　　　　　　　）

舟發大垣赴桑名
　　　　　　頼山陽
蘇水遙遙入海流
櫓聲雁語帶鄕愁
獨在天涯年欲暮
一篷風雪下濃州

舟（ふね）、大垣を発（はっ）して桑名に赴（おもむ）く

蘇水（そすい）遥々（ようよう）　海に入（い）って流（なが）る
櫓声（ろせい）雁語（がんご）　郷愁（きょうしゅう）を帯（お）ぶ
独（ひと）り天涯（てんがい）に在（あ）って年暮（としく）れんと欲（ほっ）す
一篷（いっぽう）の風雪（ふうせつ）　濃州（のうしゅう）を下（くだ）る

次の中国風の地名が，どこのことか答えてください。

1　澱江（でんこう）　　　　　　答え（　　　　　　　　　　　）

2　墨水（ぼくすい）　　　　　　答え（　　　　　　　　　　　）

3　江都（こうと）　　　　　　　答え（　　　　　　　　　　　）

4　碕陽（きよう）　　　　　　　答え（　　　　　　　　　　　）

5　水府（すいふ）　　　　　　　答え（　　　　　　　　　　　）

6　洛水（らくすい）　　　　　　答え（　　　　　　　　　　　）

7　江州（ごうしゅう）　　　　　答え（　　　　　　　　　　　）

> ＊ヒント＊　江州商人と言います。

8　三州（さんしゅう）　　　　　答え（　　　　　　　　　　　）

> ＊ヒント＊　三州瓦が有名です。

・・

　　クイズをした後で，二郎さんは太郎さんに一筆メールを送りました。

＜一筆メールの例＞

> 　太郎さん，今日僕は，すぐ近くの**墨堤**に遊びました。まさに春爛漫，桜花の下に蓆を敷き，杯を傾け，大いに談笑したしだいです。君が居なかったのが残念でした。まずはご報告まで。呵呵！　　　　　二郎

そして，太郎さんから返事のメールが来ました。

> 　二郎君，お楽しみでしたね。僕も同じころ，お誘いがあって**蘇水峡**に桜を見に行ったよ。清流をバックに桜が映え，絶景だった。ところで，墨堤や呵呵ってなんのことだい？　　　　　　　太郎

（解答：隅田川の堤。呵呵：あははは。蘇水峡：木曽川／澱江：大阪　墨水：隅田川／江都：江戸（今の東京）／碕陽：岡崎／水府：水戸／洛水：京都を流れるかも川の風光明媚な所。）

31

15 数字入り四字熟語クイズ

━━━━━━━━━━━━━━━━━━━━━━━━━━━━━

　問題の四字熟語に含まれる数より多い数を含んでいる四字熟語を，例にならって答えてください。答えの四字熟語は一度しか使えません。

例：八面六臂（はちめんろっぴ）

これより数が大きな四字熟語を答えてください。

答え　十人十色（じゅうにんといろ）　＊十＋十＝二十。八面六臂は，八＋六＝十四。

① 朝三暮四（ちょうさんぼし）　　これより数が大きな四字熟語を答えてください。

答え（　　　　　　　　　　）

② 七転八倒（しちてんばっとう）　これより数が大きな四字熟語を答えてください。

答え（　　　　　　　　　　）

③ 四苦八苦（しくはっく）　　　　これより数が大きな四字熟語を答えてください。

答え（　　　　　　　　　　）

④ 九分九厘（くぶくりん）　　　　これより数が大きな四字熟語を答えてください。

答え（　　　　　　　　　　）

⑤ 八十八夜（はちじゅうはちや）　これより数が大きな四字熟語を答えてください。

答え（　　　　　　　　　　）

⑥ 五百羅漢（ごひゃくらかん）　　これより数が大きな四字熟語を答えてください。

答え（　　　　　　　　　　）

⑦ 一日千秋（いちじつせんしゅう）これより数が大きな四字熟語を答えてください。

答え（　　　　　　　　　　）

⑧ 森羅万象（しんらばんしょう）　これより数が大きな四字熟語を答えてください。

答え（　　　　　　　　　　）

16 使ってみたい！　中国の名言7選

治乱興亡，絶え間ない王朝の交代の続いた中国では，人々は厳しい生き方を強いられました。そこから生まれたのが，数々の苦難，危機を乗り越えるための知恵が詰まった故事成語などの名言です。クイズを通して意味を理解し，気軽に使ってみましょう。

解説の正しい方を選んでください。

1　男子三日会わざれば刮目して見よ　　　答え（　　　）

イ　男たるもの，ただ日々ぼうっとして生きているわけではないぞ。たったの三日でも，すごく成長するのだ。よく目をこすって俺を見よ。変わっただろう。

ロ　男は，三日間，ぼうっとしているだけで世間から忘れ去られてしまう。よく目をこすって見ないと，いるかいないかわからないくらいに。

2　眼光紙背に徹す　　　　　　　　　　答え（　　　）

イ　眼から発する鋭い光によって，紙の表面に書かれた文章の下に書かれた秘密の文章を読み解くこと。昔はこのような眼光鋭い人がいた。

ロ　文章は字面だけを読んでいてはいけない。紙の裏側まで見通すくらいの鋭い眼の光によってこそ書かれたことの真意が読み取れるのだ。眼光とは，読み解く力を喩えて言う。行間を読むなどまだまだ。

3　形影相弔う　　　　　　　　　　　　答え（　　　）

イ　人々が遺影を眺めながら故人の冥福を祈っている様子。さみしい光景です。

ロ　形とはその人の本体，影とはその人の本体の影。自分と影が相寄り添って慰め合いながら歩く様子を言う。孤独で寂しい光景である。こうでありたくないものです。

4 綸言汗の如し　　　　　　　　　　答え（　　　　　）

イ　綸言とは天子の言葉で，天子の言葉は，意味もなく汗のように流れ出る。だから，その言葉の意味を臣下はいつも忖度しなくてはならないのです。

ロ　綸言とは天子の言葉で，天子の言葉は，汗のように一度出たら元に戻せない，即ち取り消せないということ。上に立つ者の言葉は重い。

5 骸骨を乞う　　　　　　　　　　　答え（　　　　　）

イ　君主に良く仕えたので，骸骨となり果てた身をお返しいただいてもう帰りたい，すなわち辞職したいということ。臣下は，身も心も捧げつくすのです。

ロ　切腹した父親の遺骸を引き取りたいということ。悲しいことです。

6 君子固より窮す　　　　　　　　　答え（　　　　　）

イ　君子すなわち徳の高い人は，正しい行いを求めるから必然的に困難に出会うのだということ。孔子の確信に満ちた言葉です。

ロ　君子すなわち読書人は，本を読んで常にわからないことに出会うということ。読書百遍意自ずから通ずです。

7 治にいて乱を忘れず　　　　　　　答え（　　　　　）

イ　政治をする立場にいる時は，いつ何時不平分子の反乱が起こるともかぎらないから，よく注意せよということ。そうですね。

ロ　天下がよく治まっている時こそ，天下が乱れた時に備えなければならないということ。油断すると，また世が乱れ人々が困窮します。

＜一筆メールの例＞

太郎さん，昨日の君の後ろ姿は，いつになくさびしそうだったね。肩を落として歩く君の姿と，その君の弱々しい影とが，まるでお互いに慰め合っているかのようだった。思わず「**形影相弔う**」という言葉を思い出してしまいました。元気な君にいったい何があったのですか。心配しています。

二郎

17 漢字パズルで故事成語を探せ④

□の中に，全ての二字熟語に当てはまる漢字を，例にならって入れてください。二字熟語は矢印の方向に読みます。①〜④の答えの漢字を組み合わせると故事成語になります。ただし，①〜④の漢字の順序はバラバラです。

例：

```
転   曇   雪
  ↖  ↓  ↙
調 ← 空 → 白
  ↙  ↓  ↖
冬   気   青
```

①
```
野   闘   牽
  ↘  ↓  ↙
水 → □ → 乳
  ↙  ↑  ↘
歩   牧   車
```

②
```
腺   疹   水
  ↖  ↑  ↗
寝 → □ → 顔
  ↗  ↑  ↖
冷   可   発
```

③
```
病   梁   割
  ↘  ↑  ↗
切 → □ → 瓦
  ↗  ↑  ↘
別   上   木
```

④
```
満   分   血
  ↖  ↑  ↗
拡 → □ → 足
  ↙  ↓  ↖
実   塡   補
```

故事成語「　　　　　　　　　　」

ヒント 本をたくさん持っていること。

| 答え | 汗牛充棟（かんぎゅうじゅうとう）：引越しの時，運ぶ車を引く牛が汗をかき，本が家の棟まであるほど蔵書があることを言う。蔵書が非常に多いこと。

（参考）②の「可汗（かがん）」とは，北方の遊牧民の王の称号。

＜一筆メールの文例＞

二郎君，昨日は和夫君の引っ越しの手伝いに行ってきたよ。運ぶものと言ったら本ばかりで，トラックも軋（きし）むくらいだ。新居は，天井まで本で，寝る場もなく，今日は，本の上に寝ると言っていた。まったく，**汗牛充棟**とはこのことだ。落ち着いたら一緒に遊びに行こう。 太郎

では，軽くもう一問。

①

```
        口
        ↓
鮃 ← [  ] → 頭
        ↓
        禍
```

②

```
        塁
        ↑
角 ← [  ] → 振
        ↓
        界
```

③

```
        代
        ↑
機 → [  ] → 祖
        ↓
        生
```

④

```
        法
        ↑
燐 → [  ] → 借
        ↓
        暇
```

故事成語「 _____ 」

＊ヒント＊　内容のないことを調子よく言うこと。

36

18 全部漢字で書いてみよう

　よく，世間では常用漢字にない難しい漢字だけ平仮名にしてある場合があります。なんだか不自然ですね。できれば，全部漢字で，一筆メールなどに書いてみたいものです。

　では，問題を解いて覚えましょう。イ，ロのうち正しい方を選んでください。漢字の書き順は，書き順の本やネットで確認してください。

① 羊かん　……甘いお菓子

　　イ　羊坩　　　　　ロ　羊羹　　　　　　　　**答え（　　　　）**

② しょう油　……調味料

　　イ　醬油　　　　　ロ　蔣油　　　　　　　　**答え（　　　　）**

③ 穿さく　……他人のことをあれこれ知ろうとすること

　　イ　穿鑿　　　　　ロ　穿搾　　　　　　　　**答え（　　　　）**

④ き然　……堂々と物事に対すること

　　イ　毅然　　　　　ロ　愧然　　　　　　　　**答え（　　　　）**

⑤ 収れん　……物事が一定の所に収まっていくこと

　　イ　収煉　　　　　ロ　収斂　　　　　　　　**答え（　　　　）**

⑥ 象がん　……金銀などを地の材料にはめ込むこと

　　イ　象嵌　　　　　ロ　象巖　　　　　　　　**答え（　　　　）**

⑦ 飯ごう　……キャンプなどでお米を炊く道具

　　イ　飯轟　　　　　ロ　飯盒　　　　　　　　**答え（　　　　）**

⑧ 炊さん　……お米を炊くこと

　　イ　炊燦　　　　　ロ　炊爨　　　　　　　　**答え（　　　　）**

⑨ 晩さん　……ディナー

　　イ　晩餐　　　　　ロ　晩盞　　　　　　　　**答え（　　　　）**

⑩　抽せん　……くじを引くこと

　　イ　抽籤　　　　ロ　抽籤　　　　　　　　　　**答え（　　　　　）**

⑪　石けん　……洗剤

　　イ　石姸　　　　ロ　石鹼　　　　　　　　　　**答え（　　　　　）**

⑫　終えん　……ついに命が尽きること（人以外にも使います）

　　イ　終焉　　　　ロ　終遠　　　　　　　　　　**答え（　　　　　）**

　では，上の問題の漢語を三語以上使って，一筆メールを書いてください。

＜一筆メールの例＞

　花子さん，嬉しいことに**抽籤**で羊羹が二棹当たりました。その内一棹を宅配便で送りましたのでご賞味ください。食べる前に**石鹼**でよく手を洗ってください。くれぐれも**醤油**はかけないように。さようなら。

　　　　　　　　　　　　　　　　　　　　　　　　　　　　太郎

答え

送るねー

漢字パズル＜卒業編＞

　例にならって，真ん中の□に漢字を1字入れて，放射状に二字熟語を作ってください。語彙力の確認パズルです。辞書を引かずにできれば，あなたの語彙力は相当なものです。

例：

権	民	鳥
立	国	体
旗	会	花

①

権	任	張
人		体
要	語	義

②

話	談	則
員		報
長	社	議

③

人	王	廷
学		体
要	律	話

④

気	字	式
論		調
月	確	解

⑤

録	行	体
学		技
施	験	名

⑥

事	見	遇
者		性
己	恵	識

日本の地名の漢字表記に関するクイズです。①②から，正しい方を選んでください。律令時代は，地名を漢字で表記し直すために，結構無理なことをしたようです。

1 和泉国は，なぜ泉国ではないか？
（いずみのくに）

答え（　　　　）

＊国名は地名と国の間に「の」がなくても「の」を入れて「〜のくに」と読みます。

① もともと「わずみ」という地名であったので，漢字で表記する時，「和泉」と宛てた。その後，「和泉」が「いずみ」と読まれるようになった。

② 律令時代，地名はすべて2字で表記するようにとの政府の命令でそうなった。中国に泉州があり，日本（和）の泉州ということである。

2 大隅半島の「大隅」とは？
（おおすみはんとう）

答え（　　　　）

① 古代日本の都は近畿地方にあったので，そこから見て南の一番の隅の国ということで大隅半島一円が大隅と名付けられたことによる。

② もともと大隅半島は古代は「すみ」という地名であった。それが，周りの地区と合併して「大隅国」になった。その「大隅」が語源。

3 紀伊国のもとの名は？
（きいのくに）

答え（　　　　）

① もともと「木井」だったのが，律令時代，漢字として格調高いと思われた「紀伊」に改められた。

② 律令時代，地名はすべて2字で表記するようにとの政府の命令で，木国の「き」が「きー」と引き伸ばされて「紀伊」になった。

4 近江国は，とても「おうみ」とは読めないが，「おうみ」とはもともと何のことか？　　　　　　　　　答え（　　　）

① もともとは，「ちかつおうみ」であったが，これも律令時代，二文字の近江に改められ，読みも「おうみ」になった。「おうみ」は「あふみ」で淡海（淡水湖）のことである。この場合，琵琶湖。江は河・湖の総称。

② 「おうみ」とは凹海のことで，湾のことを言う。天智天皇の大津京の近くに琵琶湖の入り江があったので，近江と書いて「おうみ」と読むようになった。

5 肥前と肥後の国はもともと一つの肥国だった。では，その肥とはなにか？　　　　答え（　　　）

① 土地が肥沃だったので，肥国といった。

② 肥とは，火で，火山である阿蘇山のある火国のこと。

＜一筆メールの例＞

『伊勢物語』を読み始めた花子さんからメールが来ました。

咲子さん，『伊勢物語』は面白いわ。あのころの隅田川は，さみしかったのね。都の文化の果つるこんなところへ来てしまったと，都落ちして来た人たちが隅田川に浮かぶ都鳥を見て，さめざめと泣くのよ。（都鳥ってユリカモメらしいわ。あの電車の名前の）業平様たちには，隅田川が，世界の隅を流れる大河に見えたらしいの。続きを読んだらまたメールします。かしこ　　　　　　　　　　　　　　花子

＊『伊勢物語』：平安時代中ごろに書かれた，和歌を交えた物語。物語の中心人物は，平安一のプレイボーイ，在原業平。原文を味わうには講談社学術文庫が便利です。

20 読んで脳トレ！中国の漢字・台湾の漢字

　中国と台湾，両方とも行ったことがある人はおわかりのように，同じ漢字でも全く違います。では旅行に行った気分で，写真を見ながら中国と台湾の漢字を読んで，脳トレをしてみましょう。ちなみに，中国の漢字は簡体字，台湾の漢字は繁体字（実は正字）と呼ばれています。

　街で拾った中国と台湾の漢字の写真を見て，日本の字に直してください。

1　中国

　中国は文字の国です。漢字だらけです。烟酒の看板は，煙草兼酒屋だと分かりますが，水席って何でしょう。わかりませんね。
　では問題です。

① 　右の縦に長い白い看板「洛……」を日本の漢字にしてください。

答え
（　　　　　　　　　　　　　）

　右は同じ通りにあったお店です。
② 　いったい何屋さんでしょうか。答えてください。

答え
（　　　　　　　　　　　　　）

左は，駅の掲示です。

③ 「公告…」を日本の漢字にしてください。

答え

（　　　　　　　　　　　　　　　）

④ 左の4つの看板を日本の漢字にしてください。公司（コンス）は，会社のことです。

答え

（　　　　　　　　　　　　　　　）
（　　　　　　　　　　　　　　　）
（　　　　　　　　　　　　　　　）
（　　　　　　　　　　　　　　　）

2　台湾

右上は太魯閣（タロコ）国家公園管理処が作った看板です。

① 「有落……」の1行目を日本の漢字にしてください。

答え（　　　　　　　　　　　）

右下の看板は地下鉄の駅の表示です。

② 看板の文字を日本の漢字にしてください。站（たん）は駅のことです。

答え（　　　　　　　　　　　）

③　右から二番目と三番目の看板の
　文字を日本の漢字にしてくださ
　い。

答え

（　　　　　　　　　　　　　　　　）

（　　　　　　　　　　　　　　　　）

　ここは，どんな所でしょうか。

答え

（　　　　　　　　　　　　　　　　）

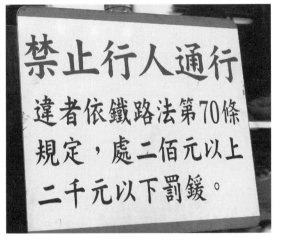

④　右上の看板の警告文を日本の漢
　字にしてください。

　　この看板は，九份（きゅうふん）の近くの十
　分（じっぷん）という所にあります。右下の写
　真のように線路の上で願いごとを
　書いた天燈（てんとう）（熱気球）を上げます。
　それで，この看板があるわけです。
　しかし，守る人はいません。列車
　が来た時だけどきます。鍰（かん）は銭に
　同じで，罰鍰は罰金のことです。

答え

（　　　　　　　　　　　　　　　　）

漢字パズルで故事成語を探せ⑤

□の中に，全ての二字熟語に当てはまる漢字を，例にならって入れてください。二字熟語は矢印の方向に読みます。①～④の答えの漢字を組み合わせると故事成語になります。ただし，①～④の漢字の順序はバラバラです。

例：

```
電    天    温
  ↘   ↓   ↗
寒 → 気 → 候
  ↗   ↓   ↖
熱    質    磁
```

①
```
屋    乱    深
  ↖   ↑   ↘
冷 → □ → 甕
  ↗   ↓   ↘
銘    樽    神
```

②
```
山    間    杉
  ↘   ↑   ↙
道 ← □ → 檎
  ↙   ↑   ↘
立    竹    野
```

③
```
溜    坊    古
  ↘   ↑   ↙
鴨 → □ ← 蓮
  ↗   ↓   ↖
鴻    塘    電
```

④
```
親    魚    豚
  ↖   ↓   ↘
食 → □ → 体
  ↙   ↓   ↘
球    迫    眼
```

故事成語「　　　　　　　　　」

＊ヒント＊　贅沢を極めた宴会のこと。

答え 酒池肉林：古代中国の殷の紂王がした酒の池と肉の林を作って，飲み食いを続けた百二十日間の宴会のこと。現在は贅沢を極めた宴会のことで使われる。ただ，「肉林」の「肉」は，食用の動物の肉そのものを指す。

（参考）③の「池塘」とは，池の堤のこと。漢詩によく出てくる。

＜一筆メールの文例＞

二郎君，昨日の同窓会は楽しかったねえ。美味しい酒に，とろけるような松阪肉のしゃぶしゃぶ。飲んだね。食べたね。まさに**酒池肉林**だった。次はいつやろうか。早い方がいいね。では，また。お元気で。

太郎

では，軽くもう一問。

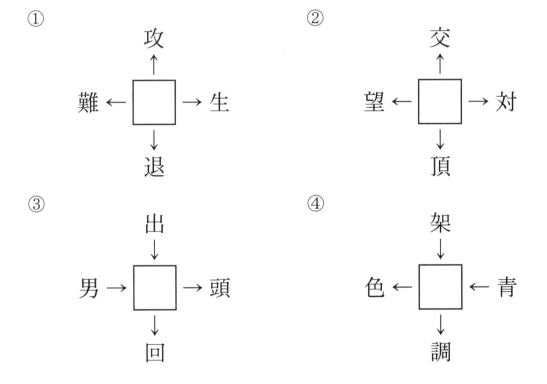

① 攻 ↑ 難 ← □ → 生 ↓ 退

② 交 ↑ 望 ← □ → 対 ↓ 頂

③ 出 ↓ 男 → □ → 頭 ↓ 回

④ 架 ↓ 色 ← □ ← 青 ↓ 調

故事成語「　　　　　　」

＊ヒント＊　今までもこれからもないほどのすごいこと。

22 二十四節気をメールの日付に使うダンディズム

　　1年を24等分したものを二十四節気(にじゅうしせっき)と言います。太陽の1年の運行をもとにしていますので，毎年ほぼ同じころになります。約十五日ごとに節気は巡ります。

　　二十四節気は，次の通りです。便宜上，番号をふっておきます。できれば，全部覚えてください。なじみのない節気は，十くらいです。

　　季節の移り変わりを違った視点で味わってください。

　　節気の日にちは，平成二十九年のものです。節気はその日を指す場合と，その期間を指す場合があります。（毎年の正確な日にちは，新聞店などから年末にサービスでいただける暦の冊子を見てください。）

　　そして，一筆メールや一筆箋，手紙の日付のかわりに書きましょう。季節を感じ取る細やかな感性をそれとなくちらつかせることができます。

> 平成二十九年十月二十三日　→　平成二十九年　霜降

といったように。

　　二十四節気は次のように読みます。では，声を出して順に読んでください。

1	立春(りっしゅん)	2月 4日	春の気が立つ時。
2	雨水(うすい)	2月18日	雪や氷が解けて雨水となる時。
3	啓蟄(けいちつ)	3月 5日	虫などが地中から穴を開いて出てくる時。
4	春分(しゅんぶん)	3月20日	昼夜等分の時。
5	清明(せいめい)	4月 4日	陽の気が現れ天地が清浄明潔な時。
6	穀雨(こくう)	4月20日	春雨が百穀を生き生きさせる時。
7	立夏(りっか)	5月 5日	夏の気が立つ時。
8	小満(しょうまん)	5月21日	陽の気が満ち草木の枝葉が繁る時。

9	芒種	6月　5日	芒のある穀物の種を蒔く時。日本では田植え。
10	夏至	6月21日	一番日が長い時。
11	小暑	7月　7日	大暑がくる前の時。
12	大暑	7月23日	暑気の極致の時。
13	立秋	8月　7日	秋の気が立つ時。
14	処暑	8月23日	暑さが止まり，涼しくなり始める時。
15	白露	9月　7日	ようやく寒くなって白玉の露を結ぶ時。
16	秋分	9月23日	昼と夜の長さが中分される時。
17	寒露	10月　8日	寒さのために寒露を結ぶ時。
18	霜降	10月23日	露が寒さのために霜となって降る時。
19	立冬	11月　7日	冬の気が立ちいよいよ冷える時。
20	小雪	11月23日	冷えて雨も雪となって降る時。
21	大雪	12月　7日	雪がますます降り積もる時。
22	冬至	12月22日	日が一番短い時。
23	小寒	1月　5日	冬至から少し日が長くなったが，ますます冷える時。
24	大寒	1月20日	一番寒さがはなはだしい時。

＊二十四節気は古代中国ででき，553年，百済からの暦（元嘉暦）の伝来とともに日本に伝わりました。

＊二十四節気の定義は，概ね『暦便覧』（天明七〔1787〕年）に依りました。

二十四節気漢字パズル

例にならって，上下左右，二字熟語になるように，真ん中に入る漢字を入れてください。

全ての熟語が二十四節気になるとはかぎりません。

例：

　　立
　　↓
厳→冬→至
　　↓
　　瓜

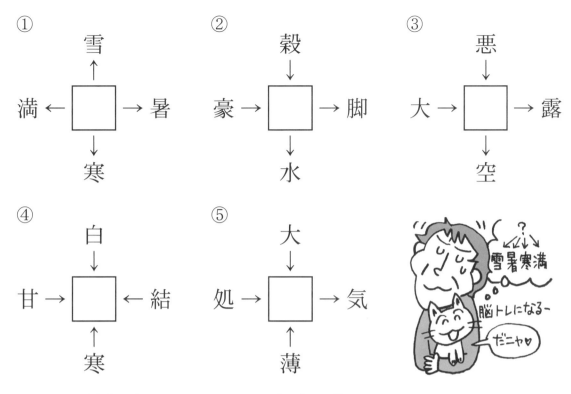

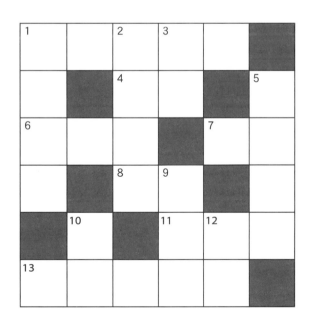

二十四節気クロスワードパズル①

　タテ・ヨコの鍵を解いて，クロスワードパズルを完成させましょう。全ての言葉が二十四節気になるとはかぎりません。

タテの鍵

1　冬の始まり。
2　またやっちゃった！
3　歩く姿は〇〇の花。
5　虫たちが地上へ。
9　中国の昔の試験。
10　漢字からできた。
12　〇〇時雨。

ヨコの鍵

1　節分の次の日。
4　秋の実り。
6　カボチャを食べます。
7　潮干狩りといえば。
8　〇〇に 冠 を整さず。
11　一年に四つあります。
13　花の見ごろやその場所を示したカレンダー。

二十四節気クロスワードパズル②

　タテ・ヨコの鍵を解いて，クロスワードパズルを完成させましょう。全ての言葉が二十四節気になるとはかぎりません。

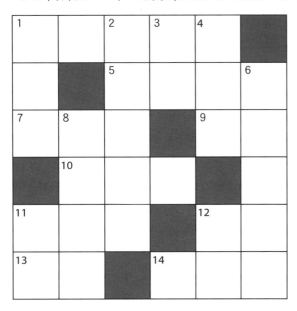

タテの鍵

1　夏の始まり。
2　本格的な寒さの始まり。
3　暮れ方。
4　立春の次。
6　先がない。
8　小さな刀。
11　夜が一番短い日。
12　かたき。

ヨコの鍵

1　大暑の次。
5　農業になくてはならないもの。
7　鵜の一種。
9　かっこいい！
10　チャンス。
11　山から帰る。
12　海に潜る人。
13　正月の○○舞。
14　東京から地方へ行くこと。

＜一筆メールの例＞

　太郎さん，今日は一年で一番昼間が長い日でしたわね。でも，一日中雨が降っておりましたので，雨ごもりをしておりました。本を読んでおりましたらそのうち眠くなって，そのまま寝てしまいました。気付いたら夜でしたの。あなたは，どうだった。なんの用もないけどメールしました。　　　　　平成二十九年の夏至の日に　　　花子

23 十干十二支で年を表そう
じっかんじゅうにし

━━━━━━━━━━━━━━━━━━━━━━━━━

　十干と十二支（略して干支，えと）を組み合わせて日にちを表す方法は，中国の周の時代の初め（紀元前 11 世紀）に正式に定められ，今日に至っています。十干と十二支を組み合わせて年を表す方法は，後漢の時代の初め（紀元 1 世紀）から変わらず今日に至っています。

　年号が変わっても，干支は変わらず，ずっと続いていきます。日本をはじめ，東アジアで広く使われました。

　したがって，干支が分かれば，歴史上の出来事がいつの年か分かります。仕組みは次のようになっています。

1.　十干

1	2	3	4	5	6	7	8	9	10
こう	おつ	へい	てい	ぼ	き	こう	しん	じん	き
甲	乙	丙	丁	戊	己	庚	辛	壬	癸

2.　十二支

1	2	3	4	5	6	7	8	9	10	11	12
し	ちゅう	いん	ぼう	しん	し	ご	び	しん	ゆう	じゅつ	がい
子	丑	寅	卯	辰	巳	午	未	申	酉	戌	亥

3.　十干と十二支を組み合わせて年を表します。全部で六十通りあります。一巡すると還暦ということになります。（だから，還暦だけは満年齢で祝います。）平成二十九年は丁のトリ年で，「**平成二十九年丁酉**」の年となります。干支には訓読みもありますが，ここでは音読みのみ紹介します。

　＊ちなみに「丁酉」は，訓読みで「ひのととり」と読みます。

十干十二支一覧

1 こうし 甲子	2 おつちゅう 乙丑	3 へいいん 丙寅	4 ていぼう 丁卯	5 ぼしん 戊辰	6 きし 己巳	7 こうご 庚午	8 しんび 辛未	9 じんしん 壬申	10 きゆう 癸酉
11 こうじゅつ 甲戌	12 おつがい 乙亥	13 へいし 丙子	14 ていちゅう 丁丑	15 ぼいん 戊寅	16 きぼう 己卯	17 こうしん 庚辰	18 しんし 辛巳	19 じんご 壬午	20 きび 癸未
21 こうしん 甲申	22 おつゆう 乙酉	23 へいじゅつ 丙戌	24 ていがい 丁亥	25 ぼし 戊子	26 きちゅう 己丑	27 こういん 庚寅	28 しんぼう 辛卯	29 じんしん 壬辰	30 きし 癸巳
31 こうご 甲午	32 おつび 乙未	33 へいしん 丙申	34 ていゆう 丁酉	35 ぼじゅつ 戊戌	36 きがい 己亥	37 こうし 庚子	38 しんちゅう 辛丑	39 じんいん 壬寅	40 きぼう 癸卯
41 こうしん 甲辰	42 おつし 乙巳	43 へいご 丙午	44 ていび 丁未	45 ぼしん 戊申	46 きゆう 己酉	47 こうじゅつ 庚戌	48 しんがい 辛亥	49 じんし 壬子	50 きちゅう 癸丑
51 こういん 甲寅	52 おつぼう 乙卯	53 へいしん 丙辰	54 ていし 丁巳	55 ぼご 戊午	56 きび 己未	57 こうしん 庚申	58 しんゆう 辛酉	59 じんじゅつ 壬戌	60 きがい 癸亥

では，問題です。上の干支一覧を参考にして答えてください。

① 平成三十年の干支は，なんでしょう。　　**答え（　　　　　　　　　　）**

② 平成十九年の干支は，なんでしょう。　　**答え（　　　　　　　　　　）**

③ 平成十七年の干支は，なんでしょう。　　**答え（　　　　　　　　　　）**

④ 次の干支がついた歴史上の事件を，西暦になおしてください。

　1　戊辰戦争（明治維新の時の政府軍と旧幕府側との戦い）

> ＊ヒント＊　今は，明治維新
> からおよそ何年たったかを考
> えます。およそでいいです。

　　　　　　　　　　　　　　　　　　　　答え（　　　　　　　　　　）

　2　壬申戸籍（政府が明治の初めに作った戸籍）

> ＊ヒント＊　上の干支一覧を参照。

　　　　　　　　　　　　　　　　　　　答え（　　　　　　　　　　）

　3　甲午農民戦争（日清戦争のもととなった，朝鮮での東学の指導した
　　農民戦争）

> ＊ヒント＊　明治二十年代。

　　　　　　　　　　　　　　　　　　　答え（　　　　　　　　　　）

4　戊戌の政変（日清戦争後始まった清国の改革が覆されたクーデター）

答え（　　　　　　　　　）

5　辛亥革命（清朝を倒し，中華民国を樹立した革命）

＊ヒント＊　20 世紀の初め。　答え（　　　　　　　　　）

⑤　壬申戸籍と同じ壬申の年にあった天武天皇と大友皇子が戦った壬申の乱との年の差は？

＊ヒント＊　壬申の乱は 7 世紀です。　答え（　　　　　　　　　）

⑥　訓読みで，「ね　うし　とら　う（うさぎ）　たつ　み（へび）　うま　ひつじ　さる　とり　いぬ　い（いのしし）」というように，十二支にはそれぞれ動物が配当されています。では，なぜ，十二支には動物が配当されているのでしょうか？　下の 3 つから選んでください。

＊ただし「い」は中国ではブタ。

答え（　　　）

1　お釈迦様が十二支に入れるからといって集まった動物たちが十二支に入った。

2　空の方位を示す十二支と夜空に輝く星座とが結びついた。

3　十二支ができたころ黄河流域に住んでいた十二部族が神として祀っていた動物たちが，十二支になった。

＜一筆メールの例＞

　　咲子さん，ご無沙汰しています。太郎さんが，みんなとビアガーデンに行こうと言っていますが，どうですか。7 月 28 日（金）です。もしよかったら，花子さんも誘っていただけませんか。同じ，**戊子**生まれ同士で楽しく暑気払いをしましょう。

　　　平成二十九年丁酉　小暑　　　　　　　　　　　　　　　　二郎

24 シルクロードの旅
―漢詩を覚えて旅に出よう―

　太郎さんは，シルクロードの旅に行ってきました。中国の甘粛省の果てにある敦煌から新疆ウイグル自治区への旅です。そもそもの旅の動機は，旅のパンフレットに載っていた二つの「涼州詞」という漢詩でした。これらの詩に大いに惹かれたのです。

その一

　その一つ，唐の栄えた8世紀に活躍した王之渙の詩にある「玉門関」行ってみたくなりました。この関所は，敦煌の近くにあって，今は廃墟のようです。しかし，実のところ，この漢詩の意味はよくわかりませんでした。

涼州詞　王之渙

1　黄河遠上白雲間
2　一片孤城萬仞山
3　羌笛何須怨楊柳
4　春光不度玉門関

黄河遠く上る　白雲の間
一片の孤城　万仞の山
羌笛何ぞ須いん　楊柳を怨むを
春光度らず　玉門関

玉門関

　右に原文と，書き下し文を掲げましたので，一緒に考えましょう。わかりやすいように各句（行）に番号を振りました。
　意味は次の通りです。

1　黄河の上流，遥か彼方に浮かぶ白雲の間に

2　小さな頼りない 城塞が一つ，万仞もある高い山の上にある。

3　(その城塞の兵士のつぶやき) 羌族 (胡人) の笛が，「折楊柳」とい
　う別れの曲を悲しい調子で奏でたとしても，それはむだなこと。

4　なぜなら，春の光は，我々が守る西の果て玉門関の向こう側には届か
　ないからだ。

問題　○か×かで答えてください。

1　涼州詞とはいったいどういう詩でしょうか。

　①　元は，オアシス国家の興亡する西域への要衝の地，涼州地方の民謡
　　や歌曲の歌詞。　　　　　　　　　　　　　　　　　答え（　　　　　）

　②　後に涼州という地名とは関係なく，辺境の風物やそこを守る兵士の
　　ことなどを詠った詩となった。王之渙の涼州詞などがそれである。

　　　　　　　　　　　　　　　　　　　　　　　　　　答え（　　　　　）

2　王之渙という詩人は，本当に玉門関の向こう側 (塞外) に行ったこと
　があるのでしょうか。

　①　玉門関の先へは，まったく行ったことがない。　答え（　　　　　）

　②　玉門関まで行ったが，その先には行かなかった。答え（　　　　　）

3　玉門関とは，いったいどういう所でしょうか。

　①　シルクロードの通っている西域と中国本土との境にある関所。

　　　　　　　　　　　　　　　　　　　　　　　　　　答え（　　　　　）

　②　西域の玉がこの門を通って中国本土へ運ばれたという関所。

　　　　　　　　　　　　　　　　　　　　　　　　　　答え（　　　　　）

4　唐の本土から遠く離れて，城塞を守る兵士の本音はどうでしょう。

　①　玉門関の向こう側を守る我々兵士の所には，長安の都のように春が
　　来ないので，柳はもともと芽吹くことがない。青々した柳など見たこ
　　ともない。だから，「折楊柳」という曲を聞いても全くわからないので，
　　全然悲しくはない。　　　　　　　　　　　　　　　答え（　　　　　）

② 兵士たちは表面的には悲しくないと強がっているが，「折楊柳」の曲を聞いて，本当は非常に悲しく思っている。　**答え（　　　）**

○三行目は，とても複雑な表現になっています。「何ぞ須いん」は，「どうして○○する必要があろうか」という反語です。「須」は必須の須（必要とする）です。でも漢文では「もちいん」と読みます。難しいですね。「怨」は，悲しい調子で曲を奏でることです。

○「折楊柳」は別れの曲ですが，唐の時代，遠くへ行く人を送る時，柳の枝を折って，輪にしてはなむけとする習慣がありました。柳は挽留（挽き留める）の留に通じ，輪にすることは，環であり，それは帰還の還に通じると言われています。

○玉門関は，甘粛省の敦煌の北西八十キロにあります。今は大いなる廃墟です。

○七言四句（行）の漢詩は七言絶句と言います。韻は，1，2，4行の最後の文字で踏まれます〔閒，山，関〕。句末の韻を脚韻と言います。

その二

もう一つの「涼州詞」を読んでみましょう。王翰のものです。王翰は，王之渙と同じころの詩人です。こちらの方が有名だと思います。観光案内に載っているのは，たいがいこの二首です。この二首がわかれば，七割がた中国シルクロードの旅はOK！

太郎さんは，緑の玉を薄くくりぬいた半透明の杯を，敦煌で買ってきました。（右の写真）月光が玉を通して中の酒に差し込むのです。夜光杯です。

原文と，書き下し文を掲げますので，一緒にあじわってみましょう。

前半はなかなかエキゾチックで，勇壮です。しかし，後半は，打って変

わって，悲壮，悲惨な世界です。全部読めば，ここが厳しい最前線であることがわかります。

意味は次の通りです。

1 葡萄でできた赤い美酒を夜光杯にみたし

2 飲み干そうとしたら，誰かが西域の楽器である琵琶を，馬上でせきたてるように奏で始めた。

3 酔って沙漠の戦場に倒れ伏す私を笑ってくれるな。

4 古来,戦いに征って何人帰って来たというのだ。

問題 正しい方を選んでください。

1 作者の王翰は辺塞詩人と言われました。なぜでしょう。　　答え（　　　）

① 都から遥か離れた辺境の地の兵士を詠ったこの涼州詞があまりに有名になったから。

② 王翰は，西域への要衝である涼州へは度々行ったことがあるから。

2 玉とはなんでしょう。　答え（　　　）

① 本来丸い水晶のことで，高度な技術で色々のものがつくられる。

② 硬玉（ヒスイ）と軟玉（角閃石）があり普通，軟玉のことをいう。つやがあり美しく,叩くとよい音色がする。新疆ウイグル自治区のホータンの玉が有名。

3 王翰の「涼州詞」の脚韻は,どれとどれでしょう。答え（　　　）

① 脚韻は踏んでいない。

② 杯，催，回。

4 琵琶は中国固有のものでしょうか。　　答え（　　　）

① ペルシャからシルクロードを通って中国に渡って来た。

② 始皇帝の時にできて，世界中に広まった。

涼州詞　王翰

1 葡萄美酒夜光杯
2 欲飲琵琶馬上催
3 醉臥沙場君莫笑
4 古來征戰幾人回

葡萄の美酒　夜光の杯
飲まんと欲すれば　琵琶馬上に催す
醉うて沙場に臥す　君笑うこと莫かれ
古來征戰　幾人か回る

25 どこまで続く？ 漢字の尻取り

入口から出口まで，カギに従って，漢字の尻取りをしてください。同じ漢字は使えません。

* （　）内の数字は，漢字の字数です。

1　相手をその気にさせる巧みな言葉遣い。（2）

2　人が守るべき社会規範。（2）

3　江戸時代の政権。（4）

4　大阪○下。（2）

5　殺人犯。時代劇でよく聞きます。（3）

6　フランス革命の時に議決された人類史上画期的なこと。（4）

7　言うことと行うことが矛盾しないこと。（4）

8　ケガをさせること。○○罪。（2）

9　城に立てこもること。（2）

10　マーボ豆腐，餃子，北京ダックといえば。（4）

11　全く分からないこと。（4）

12　極楽とんぼ。（3）

13　とても軽いもの。（2）

14　注意義務違反の甚だしい場合。（3）

15　人の立ち居ふるまいの形。（4）

16　非常に義理がたいこと。（2）

17　子どもを問題状況から守る機関。（5）

18　無機物の反対。（3）

19　考えをただしたり，それに対して答えたりすること。（4）

20　国内。○○留学。（2）

21　戦争のない状態。（2）

22　自分の素晴らしさを隠し，俗世間に住むこと。（4）

23　新聞紙などを回収する業者。（4）

24　他人の文章の都合の良い所だけを使って文章を書くこと。（4）

25　子どもが母親のお腹の中で大きくなって生まれること。（2）

26　名前をつけること。（2）

27　先に出て来たもの。（2）

→入	1 口		2 道	3			4	5		6
	所	18	機	物	19					宣
								案		7
								20		
17										
								21		
教								22		命
務								光		8
		↑								
16		口						23 塵		虫
法		出								9
		27								
			26		25 胎			24		10 中
15										
	過	14 重		13		12	不		11	料

解　答

2　これ，どう読みますか？（p.7）

1　笑　　　2　舞う（まう）　　　3　②

3　漢字は間違えないようにしましょう―読み方編―（p.8）

①爪　　②已　　③治　　④病　　⑤晴　　⑥漸く　　⑦偶　　⑧鮪

⑨子子　　⑩嗚呼　　⑪洒落　　⑫堕落　　⑬祇園　　⑭陣立　　⑮曇天

⑯縁側　　⑰瓦斯　　⑱未定　　⑲安泰　　⑳午

4　漢字パズルで故事成語を探せ①（p.9）

①進　　②歩　　③日　　④月　　「日進月歩」

5　雅号を持とう（p.11）

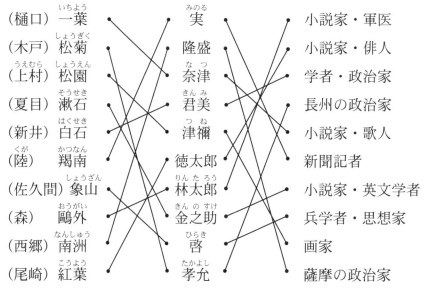

（樋口）一葉　　実　　小説家・軍医
（木戸）松菊　　隆盛　　小説家・俳人
（上村）松園　　奈津　　学者・政治家
（夏目）漱石　　君美　　長州の政治家
（新井）白石　　津禰　　小説家・歌人
（陸）羯南　　徳太郎　　新聞記者
（佐久間）象山　　林太郎　　小説家・英文学者
（森）鷗外　　金之助　　兵学者・思想家
（西郷）南洲　　啓　　画家
（尾崎）紅葉　　孝允　　薩摩の政治家

休憩タイム・漢字パズル＜入門編＞（p.13）

①大　　②子　　③機　　④体　　⑤横　　⑥心

6　日本の相手国はどこの国？（p.14）

①ブラジル　　②メキシコ　　③フィリピン　　④タイ　　⑤トルコ

⑥フランス　　⑦ベルギー　　⑧ベトナム　　⑨イタリア

⑩ポルトガル（日葡）　　⑪カンボジア（日束）　　⑫オーストラリア（日濠）

7　漢字パズルで故事成語を探せ②（p.15）

①一　　②得　　③挙　　④両　　「一挙両得」

8 漢字は間違えないようにしましょう―正しい字編― (p.17)

①漁船　②記録　③栽培　④蜜柑　⑤陪審員　⑥指示

⑦突然　⑧示唆　⑨紫雲英(げんげ)　⑩蒲公英(たんぽぽ)　⑪欠如

⑫除虫菊　⑬拳闘　⑭午後　⑮危機　⑯機嫌

⑰切符　⑱事前　⑲木偏　⑳週刊誌

9 中国で出会った不思議な漢字 (p.18)

問題1　①（「財を招き寶(宝)を招く」と読む。）

問題2　②（写真に写っている看板の漢字の上に "biang" の文字。ビャンビャンは，平たいを意味する扁扁からとも。）

10 ときどき耳にする言葉ですが？ (p.20)

①A　②B　③A　④B　⑤B　⑥A　⑦B　⑧A

⑨B　⑩A　⑪B　⑫B　⑬B　⑭A

11 摩訶不思議な漢字たち (p.23)

1①　2①　3②　4①　5②　6②　7①　8②　9②

10①　11②　12①　13①　14②　15②　16①

《おまけ》①

12 かんたん漢文を故事成語・名文句であじわう (p.24)

1②　2①

13 漢字パズルで故事成語を探せ③ (p.27)

①電　②火　③石　④光　「電光石火」(でんこうせっか)

休憩タイム・漢字パズル＜修行編＞ (p.29)

①呉越同舟(ごえつどうしゅう)　②十風五雨(じっぷうごう)　③支離滅裂(しりめつれつ)　④自業自得(じごうじとく)

⑤危機一髪(ききいっぱつ)　⑥言語道断(ごんごどうだん)

14 日本人が付けた中国風の地名で遊ぶ (p.30)

問題①　1　木曽川(きそがわ)　2　美濃国(みののくに)，岐阜県

問題②　1　淀川(よどがわ)　2　隅田川(すみだがわ)　3　江戸(えど)　4　長崎(ながさき)　5　水戸(みと)

6　鴨川(かもがわ)　7　近江(おうみ)　8　三河(みかわ)

15 数字入り四字熟語クイズ (p.32)　※一例。答えはいくつもある。

①七転八起(しちてんはっき)　＊七＋八＝十五。朝三暮四は，三＋四＝七。

61

②三三五五　＊十六。七転八倒は，十五。

③十中八九　＊二十七。四苦八苦は，十二。

④九十九折　＊九十九。九分九厘は，十八。

⑤三百代言　＊三百。八十八夜は，八十八。

⑥五百八十　＊神武天皇の祖父，日子穂穂手見命（山幸彦）が五百八十年生きた

という記紀神話から，おめでたい数とされる。五百羅漢は，五百。

⑦千客万来　＊千＋万＝一万一千。一日千秋は，千一。

⑧笑止千万　＊一千万。森羅万象の一万より圧倒的に多いです。

16　使ってみたい！　中国の名言7選（p.33）

1　イ　　2　ロ　　3　ロ　　4　ロ　　5　イ　　6　イ　　7　ロ

17　漢字パズルで故事成語を探せ④（p.35）

①舌　　②三　　③先　　④寸　　「舌先三寸」

18　全部漢字で書いてみよう（p.37）

①ロ　　②イ　　③イ　　④イ　　⑤ロ　　⑥イ　　⑦ロ　　⑧ロ

⑨イ　　⑩ロ　　⑪ロ　　⑫イ

休憩タイム・漢字パズル＜卒業編＞（p.39）

①主　　②会　　③法　　④正　　⑤実　　⑥知

19　奇妙な日本の地名2択クイズ（p.40）

1②　　2①　　3②　　4①　　5②

20　読んで脳トレ！　中国の漢字・台湾の漢字（p.42）

1　①洛陽市文芸中心書画院　②筆屋　＊庄は荘で商店のことです。　③公告欄

④左から黒竜江弘博人力資源服務公司，哈爾浜弘博学院，黒竜江弘博留学服務有限

公司，黒竜江弘博境外就業有限公司

2　①有落石危険　②台大医院站　③橘子児童牙（医診所），歯顎矯正専科，子ども

歯科医院　④禁止行人通行　違者依鉄路法第70条規定,処二百元以上二千元以下罰鍰。

21　漢字パズルで故事成語を探せ⑤（p.45）

①後　　②絶　　③前　　④空　　「空前絶後」

22　二十四節気をメールの日付に使うダンディズム（p.47）

二十四節気漢字パズル　①小　　②雨　　③寒　　④露　　⑤暑

二十四節気クロスワードパズル①　　　二十四節気クロスワードパズル②

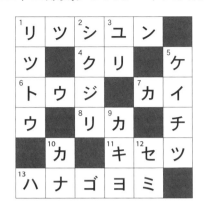

23　十干十二支で年を表そう（p.51）

①戊戌　　②丁亥　　③乙酉

④－1　1868 年（＊平成二十九（2017）年は丁酉で，直前の戊辰の年は 29 年前。明治維新からおよそ 150 年たっているので，そこからさらに 120（還暦六十年の 2 倍）を引きます。2017 － 29 － 60 × 2 ＝ 1868）

④－2　1872 年　　④－3　1894 年　　④－4　1898 年　　④－5　1911 年

⑤ 1200 年　（＊壬申の乱は 672 年）　⑥ 2

24　シルクロードの旅－漢詩を覚えて旅に出よう－（p.54）

その一　1－①○　　②○
　　　　2－①○　　②×
　　　　3－①○　　②○
　　　　4－①×　　②○

その二　1①　　2②　　3②　　4①

25　どこまで続く？　漢字の尻取り

（p.58）

答えは右に表示。

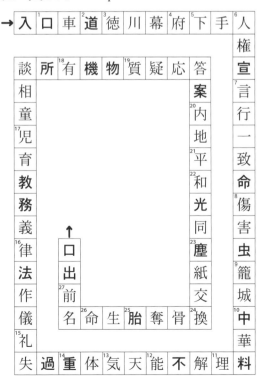

編者紹介

脳トレーニング研究会

　知的好奇心を満たし，知的教養を高めるクイズ，脳トレーニング効果のある楽しいクイズ
を日夜，研究・開発している研究会。著書に，『バラエティクイズ&ぬり絵で脳トレーニング』
『シニアのための記憶力遊び&とんち・言葉クイズ』『シニアのための記憶力遊び&脳トレク
イズ』『シニアのための笑ってできる生活力向上クイズ&脳トレ遊び』『シニアの脳を鍛える
教養アップクイズ&記憶力向上遊び』『シニアが毎日楽しくできる週間脳トレ遊び－癒しの
マンダラ付き－』『シニアの面白脳トレーニング 222』『クイズで覚える日本の二十四節気&
七十二候』がある。

［お問い合わせ］
黎明書房（☎ 052-962-3045）まで

主な参考文献

・太玄斎校訂『暦便覧』蔦屋重三郎他，1787。
・魚返善雄著『漢文の世界』東京大学出版会，1963。
・前野直彬注解『唐詩選』下巻，岩波文庫，1963。
・『歴史読本臨時増刊　万有こよみ百科』新人物往来社，1973。
・寺尾善雄著『中国名言物語』河出書房新社，1978。
・大竹松堂著『詩吟のための日本漢詩選』日中出版，1992。
・大原綾子著『知っているときっと役に立つ四字熟語クイズ 109』黎明書房，2002。
・江川卓他著『世界の故事名言ことわざ総解説』自由国民社，2007。
・石川忠久編『漢詩鑑賞事典』講談社学術文庫，2009。
・揖斐高訳注『頼山陽詩選』岩波文庫，2012。
・脳トレーニング研究会編『クイズで覚える日本の二十四節気&七十二候』黎明書房，
　2017。

クイズで覚える難読漢字&漢字を楽しむ一筆メール

2017 年 9 月 20 日　初版発行	編　者	脳トレーニング研究会
	発行者	武　馬　久仁裕
	印　刷	株式会社太洋社
	製　本	株式会社太洋社

発　行　所　　　　　株式会社　黎　明　書　房
〒460-0002　名古屋市中区丸の内 3-6-27　EBS ビル　☎ 052-962-3045
　　　　　　　　　　　FAX 052-951-9065　振替・00880-1-59001
〒101-0047　東京連絡所・千代田区内神田 1-4-9　松苗ビル 4 階
　　　　　　　　　　　　　　　　　　　　　☎ 03-3268-3470

落丁本・乱丁本はお取替します。　　　　　　　ISBN978-4-654-07656-7

クイズで覚える
日本の二十四節気＆七十二候

脳トレーニング研究会編　　B5判／67頁　　1500円

意外に難しい，日本の細やかな季節の変化を表わす「二十四節気」「七十二候」を，クイズを通して楽しみながら覚えられる1冊。二十四節気・七十二候を詠った和歌や俳句も分かりやすい解説付で収録。

バラエティクイズ＆ぬり絵で
脳トレーニング

脳トレーニング研究会編　　B5判／62頁　　1600円

シニアの脳トレーニング①　言葉や漢字，算数のクイズ，日本に関するクイズ等，かんたんで誰にでも取り組めるバラエティに富んだクイズで脳トレしましょう。ぬり絵や間違いさがしも収録。2色刷。

読んで，書いて二倍楽しむ
美しい日本語

武馬久仁裕編著　　B5判／63頁　　1600円

シニアの脳トレーニング②　和歌や物語，俳句や詩，ことわざや花言葉など日本の美しい言葉，楽しい言葉を厳選。読んだり，なぞって書くことで，教養を高め脳を活性化できます。

シニアのための記憶力遊び
＆とんち・言葉クイズ

脳トレーニング研究会編　　B5判／62頁　　1574円

シニアの脳トレーニング③　簡単だけど頭をひねらないと解けない「とんちクイズ」や，懐かしくも楽しい「なぞなぞ」，絵を記憶して答える「記憶力遊び」などを収録。2色刷。

シニアのための記憶力遊び
＆脳トレクイズ

脳トレーニング研究会編　　B5判／62頁　　1500円

シニアの脳トレーニング④　簡単で楽しい記憶力遊びやなぞなぞ，漢字パズル，クロスワードパズル，3択クイズ，おもしろ文章問題などクイズが満載。シニアの脳の体操に最適です！　2色刷。

シニアのための笑ってできる
生活力向上クイズ＆脳トレ遊び

脳トレーニング研究会編　　B5判／62頁　　1500円

シニアの脳トレーニング⑤　日常生活を円滑に行う力を意識的に鍛える，買い物や時間，裁縫・料理に関するクイズに加え，「神経衰弱遊び」「記念写真で間違い探し」等，多種多様な脳トレ遊びを収録。

シニアが毎日楽しくできる
週間脳トレ遊び
－癒しのマンダラ付き－

脳トレーニング研究会編　　B5判／67頁　　1500円

シニアの脳トレーニング⑥　1日1問の多種多様な脳トレで，1年間毎日楽しく脳を鍛えられます。記憶力や生活力，発想力や教養の向上に。「癒しのマンダラ遊び」も収録。

シニアの面白脳トレーニング222

脳トレーニング研究会編　　B5判／65頁　　1500円

シニアの脳トレーニング⑦　「簡単な難しい漢字」「今日も記念日」「宝物の巻物を解読しよう」「円周率を覚えよう」等，1冊で記憶力や推理力，ひらめき力・教養・感性等の能力の維持・強化ができる。

シニアの脳を鍛える教養アップ
クイズ＆記憶力向上遊び

脳トレーニング研究会編　　A5判／94頁　　1389円

シニアが脳を効果的に鍛えられるように，日常に即した「教養」「記憶力」「生活力」の向上に焦点を当てた多様な問題を収録。1人でやっても2人でやっても楽しい，総合版脳トレーニングブック！

表示価格は本体価格です。別途消費税がかかります。

■ホームページでは，新刊案内など，小社刊行物の詳細な情報を提供しております。「総合目録」もダウンロードできます。http://www.reimei-shobo.com/

俳句で楽しく脳トレししませんか。
黎明俳壇への投句のお誘い

　小社の脳トレーニング書の読者のご要望に応え，シニアを対象とした黎明俳壇を開設致しました。以下の要領で，俳句を募集しています。初心者の方もお気軽にご投句ください。

1　**投句**：投句は1回につき2句まで。下記の住所に葉書もしくは，メールにて小社内の黎明俳壇係にお送りください。投句料は無料です。

　　〒460-0002　名古屋市中区丸の内3-6-27　EBSビル　黎明書房　黎明俳壇係

　　E-mail：mito-0310@reimei-shobo.com

　未発表作品に限ります。二重投句はご遠慮ください。選者が添削する場合がございます。投句の際は，ご住所・お名前（ふりがな）・電話番号を明記してください。詳しくは小社ホームページをご覧ください。小社ホームページは「黎明書房」で検索できます。

2　**選句発表**：特選，秀逸，佳作の作品を，隔月に小社ホームページ上に発表します。また，年2回（1月，7月を予定）発行の冊子『黎明俳壇』に掲載させていただきます。特選，秀逸，佳作の作品掲載の冊子『黎明俳壇』は，特選，秀逸の方に送らせていただきます。冊子『黎明俳壇』は，定価500円（送料込）です。ご希望の方はご注文ください。代金は切手可。

3　**お願い**：掲載されました特選，秀逸，佳作の作品は，小社刊行物に使わせていただくことがあります。

4　**選者**：武馬久仁裕（黎明書房社長，俳人）

※詳しくは小社ホームページをご覧ください。

自費出版のご案内

○詩集・句集・歌集・自分史・論文集・小説・随筆集・社史　その他，お引き受けいたします。

○出版をご希望の方は，小社「自費出版係」まで，お気軽にお問い合わせください。

　Tel.052-953-7333　　E-mail：ito@reimei-shobo.com

○お見積もりは無料です。（小社の方針に添わない場合は，出版をお引受できない場合がありますのでご了承ください。）

＊自費出版については，小社ホームページにて詳しくご案内しております。

＊句集・歌集の場合は，通常よりお値打ちにさせていただきます。